四季の励まし

V

池田大作

目 次

春

夏

秋

冬

一、本書は、聖教新聞に掲載された「四季の励まし」から、24編を選び、収録したものです。
一、末尾の年月日は、掲載日を記しました。なお、肩書、名称、時節等については、掲載時のままにしました。
一、写真は、著者が1981年~2023年に撮影したものです。

——編集部

ブックデザイン　地代紀子

春

Spring

桜舞《さくらま》う「4・2」　師弟《してい》の絆《きずな》は永遠《えいえん》に

「本物《ほんもの》の道《みち》」が一《ひと》つあれば、
人生《じんせい》に迷《まよ》うことはない。
それが「師弟《してい》の道」である。
師匠《ししょう》の道を歩《あゆ》み、
師匠の道を広《ひろ》げながら、
そこに
さまざまな花《はな》を咲《さ》かせ、
実《み》を結《むす》ばせていく。
それが弟子《でし》の道である。

偉大《いだい》な師匠と
同《おな》じ時代《じだい》に生《う》まれ、
同じ理想《りそう》を目指《めざ》し、
同じ祈《いの》りで
邁進《まいしん》しゆく人生ほど、
素晴《すば》らしいものはない。
ありがたいものはない。

師弟の一念《いちねん》が合致《がっち》して、
祈り切《き》っていくところに、
計《はか》り知《し》れない力《ちから》が出《で》る。
「祈り」は即《そく》「行動《こうどう》」だ。

2008年４月、東京

ゆえに
広布《こうふ》と人生の勝利《しょうり》のため、
一つ一つ祈り、真剣勝負《しんけんしょうぶ》で
行動していくのだ。

どこまでも
「師弟の道」を根本《こんぽん》に、
弟子が互《たが》いに励《はげ》まし合《あ》って
いく中《なか》にこそ、
異体同心《いたいどうしん》の団結《だんけつ》が
結《むす》ばれる。
「師弟不二《ふに》」と
「異体同心」こそが、

仏法《ぶっぽう》を実践《じっせん》する
最重要《さいじゅうよう》の原理《げんり》であり、
人間革命《にんげんかくめい》の急所《きゅうしょ》なのだ。

仏法の師弟の絆《きずな》は、
三世永遠《さんぜえいえん》である。
この絆は誰人《たれびと》も
壊《こわ》すことはできない。
常《つね》に、師《し》と共《とも》に
使命《しめい》の天地《てんち》に生まれ、
元初《がんじょ》の誓願《せいがん》を
果《は》たしていくのだ。
苦悩渦巻《くのううずま》く娑婆世界《しゃばせかい》を、

常楽我浄《じょうらくがじょう》の仏国土《ぶっこくど》へと
忍耐強《にんたいづよ》く
変革《へんかく》していくのだ。

どこまでも勇敢《ゆうかん》に、
一つ一つ勝《か》ち切っていく。
そこに
無量《むりょう》の功徳《くどく》が集《あつ》まり、
無辺《むへん》の善根《ぜんこん》が
広がっていく。
わが親愛《しんあい》なる同志《どうし》よ、
友情《ゆうじょう》を広げゆこう！
正義《せいぎ》を語《かた》り抜《ぬ》こう！

そして「5・3」を
晴《は》れ晴《ば》れと勝ち飾《かざ》り、
洋々《ようよう》たる広布の新航路《しんこうろ》を、
共々《ともども》に開《ひら》いていこう！

（二〇二三年四月二日）

共《とも》に喜《よろこ》び　勝《か》つ人生《じんせい》を

人《ひと》は、
人の絆《きずな》のなかで育《はぐく》まれ、
成長《せいちょう》し、学《まな》び合《あ》い、
助《たす》け合って
真実《しんじつ》の人間《にんげん》となる。
ゆえに、自分一人《じぶんひとり》だけの
幸《しあわ》せはない。
自他共《じたとも》の幸福《こうふく》の
なかにこそ、

本当《ほんとう》の幸福もある。

他人《たにん》のために尽《つ》くす、
慈悲《じひ》の行為《こうい》に
励《はげ》む人の胸中《きょうちゅう》には、
仏《ほとけ》の命《いのち》が涌現《ゆげん》する。
その境涯《きょうがい》が、
すべてを変《か》えていく。

同《おな》じ状況《じょうきょう》にあっても、
ある人は、
生《い》き生きと進《すす》む。
ある人は、

嘆《なげ》き、悲《かな》しむ。
喜《よろこ》びというのは、
心《こころ》が感《かん》じるものだからだ。
この人生《じんせい》を、喜んで、
楽《たの》しんでいければ、
その人は「勝《か》ち」である。
ゆえに、大事《だいじ》なのは、
心を変革《へんかく》することだ。

いつかではない。
今《いま》、この瞬間《しゅんかん》である。
今日《きょう》、この一日《いちにち》である。
今、この時《とき》に

2000年 4 月、東京

全魂《ぜんこん》をかたむけていく。
その「今」に
勝利《しょうり》の未来《みらい》が
含《ふく》まれている。

皆《みな》さんは、
学会《がっかい》の広宣流布《こうせんるふ》の闘争《とうそう》に
勇《いさ》んで参加《さんか》された。
その福運《ふくうん》は、
永遠《えいえん》に続《つづ》いていく。
財力《ざいりょく》よりも、権力《けんりょく》よりも、
名声《めいせい》よりも、
信心《しんじん》は百千万億倍《ひゃくせんまんおくばい》、

偉大《いだい》である。
広宣流布という
大目的《だいもくてき》のために
戦《たたか》っていくことは、
仏にしかできないことだ。

私たちはどこまでも、
「人のために」
灯《ひ》をともしていく。
目《め》の前《まえ》で悩《なや》んでいる人、
苦《くる》しんでいる人のもとへと
足《あし》を運《はこ》び、
妙法《みょうほう》の光《ひかり》で、

自他共に
無明《むみょう》という生命《せいめい》の闇《やみ》を
晴《は》らしていくのだ。

(二〇二三年四月二十三日)

「対話《たいわ》の拡大《かくだい》」は「幸福《こうふく》の拡大」

対話《たいわ》こそ
人間《にんげん》の特権《とっけん》である。
それは人間を隔《へだ》てる
あらゆる障壁《しょうへき》を超《こ》え、
心《こころ》を結《むす》び、世界《せかい》を結ぶ、
最強《さいきょう》の絆《きずな》となる。

「言葉《ことば》の力《ちから》」
「声《こえ》の力」は偉大《いだい》である。

黙《だま》っていてはわからない。
伝《つた》わらない。
「声、仏事《ぶつじ》をなす」と
説《と》かれるように、
声で人《ひと》を
救《すく》うことができる。
声で魔《ま》を
切《き》ることもできる。
言葉で、声で、
いくらでも
広布《こうふ》の道《みち》を開《ひら》いていける。
「語《かた》る」ことは戦《たたか》いである。
ゆえに

2014年５月、東京

声を惜《お》しんではならない。
失敗《しっぱい》しても
クヨクヨしないことだ。
すべて勉強《べんきょう》だと思《おも》って、
また明《あか》るく朗《ほが》らかに
対話していけば、
いいのである。
対話に限《かぎ》らず、
何《なに》かしようとすれば
失敗はある。
失敗は挑戦者《ちょうせんしゃ》の勲章《くんしょう》だ。

戦い抜《ぬ》いたという
歴史《れきし》は永遠《えいえん》である。
また、戦いで得《え》た「力」も
「福運《ふくうん》」も全部《ぜんぶ》、
自分《じぶん》のものになる。
「あのとき自分は、
あそこまで
やれたのだ」という、
自分自身《じしん》の歴史を
残《のこ》すことだ。
その事実《じじつ》が
人生《じんせい》の最後《さいご》の勝利《しょうり》へ、
大《おお》きな土台《どだい》となっていく。

ひとたび仏縁《ぶつえん》を結べば、
決《けっ》して失《うしな》われない。
いつか、
花《はな》開く時《とき》が絶対《ぜったい》に訪《おとず》れる。
仏縁こそ、
真《しん》の友好信頼《ゆうこうしんらい》の絆だ。
仏縁こそ、
自他共《じたとも》の歓喜《かんき》の光《ひかり》だ。
仏縁こそ、
平和《へいわ》の文化《ぶんか》の宝《たから》だ。
広布に連《つら》なる
私たちの対話は、

一切《いっさい》が
「仏縁の拡大《かくだい》」であり、
永遠にわたる
「幸福《こうふく》の拡大」なのである。

（二〇二三年四月十六日）

勝負《しょうぶ》を決《けっ》する壮年部《そうねんぶ》

黄金柱《おうごんばしら》の壮年部《そうねんぶ》が、
今《いま》こそ
立《た》ち上《あ》がる時《とき》である。
たとえ年配《ねんぱい》になっても、
25歳《さい》の青年《せいねん》の心意気《こころいき》で、
この一生《いっしょう》を
生《い》き抜《ぬ》いていただきたい！
断《だん》じて
心《こころ》まで老《お》いてはならない。

若々《わかわか》しい心を
燃《も》やさなければ、
何事《なにごと》も勝《か》てるはずがない。

壮年の「壮」とは、
若々しく、元気盛《げんきさか》んで、
強《つよ》く、大《おお》きく、
勇《いさ》ましいことをいう。
ゆえに、意気《いき》盛んな男性《だんせい》を
「壮士《そうし》」と呼《よ》び、
働《はたら》き盛《ざか》りの年代《ねんだい》を
「壮歳《そうさい》」といい、
勇気《ゆうき》のいる

大がかりな仕事《しごと》を
「壮挙《そうきょ》」というのだ。
本来《ほんらい》、青年をしのぐ、
勢《いきお》い、勇気、強さ、実力《じつりょく》、
英知《えいち》をもっているのが
壮年なのである。

壮年の豊《ゆた》かな
「経験《けいけん》」と「確信《かくしん》」、
青年の燃えるが如《ごと》き
「情熱《じょうねつ》」と「行動力《こうどうりょく》」。
これらをがっちりと
組《く》み合《あ》わせれば、

1981年6月、カナダ

その力《ちから》は、
単《たん》なる足《た》し算《ざん》ではなく、
掛《か》け算となって
倍加《ばいか》していく。
そこに、広宣流布《こうせんるふ》の勢いは
いやまして加速《かそく》し、
盤石《ばんじゃく》なる
「青年学会《がっかい》」の建設《けんせつ》への
決定打《けっていだ》となっていく。

壮年の声《こえ》の力は
計《はか》り知《し》れない。
ゆえに、

断じて声を惜《お》しむまい。
声の限《かぎ》り、力の限り、
創価《そうか》の勇将《ゆうしょう》が
正義《せいぎ》を叫《さけ》んで、
必《かなら》ずや国土世間《こくどせけん》を
仏国土《ぶっこくど》に変《か》えていくのだ。

学会の勝負《しょうぶ》は、
最後《さいご》は壮年部が
決《けっ》するのだ。
堂々《どうどう》と
正義と真実《しんじつ》を語《かた》り抜き、
学会の偉大《いだい》さを

満天下《まんてんか》に示《しめ》すのは、
師弟《してい》の真髄《しんずい》を
結果《けっか》で体現《たいげん》する
壮年部なのである。

（二〇二三年三月五日）

「法華経《ほけきょう》の将軍学《しょうぐんがく》」で勝《か》て

長《なが》い人生《じんせい》の戦《たたか》いにあって、
途中《とちゅう》には
幾多《いくた》の苦難《くなん》がある。
壁《かべ》にぶつかる時《とき》もあろう。
思《おも》いもよらぬ
難関《なんかん》が立《た》ちはだかる。
だが、我《われ》らには
「法華経《ほけきょう》の兵法《へいほう》」がある。
ゆえに迷《まよ》いなく、

定《さだ》めた決勝点《けっしょうてん》を目指《めざ》して、
辛抱強《しんぼうづよ》く力走《りきそう》するのだ。

「大阪《おおさか》の戦い」にあっては、
毎朝《まいあさ》、勤行《ごんぎょう》のあとに、
御書《ごしょ》を真剣《しんけん》に拝《はい》し合《あ》い、
皆《みな》の勝利《しょうり》への一念《いちねん》を
合致《がっち》させていった。
不可能《ふかのう》を可能としゆく
「法華経の兵法」
「妙法《みょうほう》の将軍学《しょうぐんがく》」を
心肝《しんかん》に染《そ》め抜《ぬ》いた。
「絶対《ぜったい》勝利」の活力《かつりょく》を

1995年 5 月、大阪

満々《まんまん》と漲《みなぎ》らせて、
皆が最前線《さいぜんせん》に躍《おど》り出《で》た。
そして、勇敢《ゆうかん》に道《みち》を
切《き》り開《ひら》いていったのだ。

目先《めさき》の策《さく》や戦術《せんじゅつ》などに
振《ふ》り回《まわ》されてはならない。
私たちは、どこまでも
強盛《ごうじょう》なる祈《いの》りで
勇気《ゆうき》と智慧《ちえ》を
湧《わ》きいだすのだ。
常《つね》に御書を裏《うら》づけとし、
自信《じしん》満々と進《すす》むのである。

「法華経の将軍学」を
正《ただ》しき羅針盤《らしんばん》として、
最高《さいこう》の作戦《さくせん》と行動《こうどう》で
共戦《きょうせん》の宝友《ほうゆう》を
牽引《けんいん》していくのだ。

行き詰《づ》まったら、
まずは
題目《だいもく》をあげることだ。
祈って、
最高の智慧を湧きいだす。
そして行動していく。
乗《の》り越《こ》えられない

困難《こんなん》など、絶対にない。

行くところ
向《む》かうところで、
一人《ひとり》から一人へ、
勝利の一念を燃《も》え立たせ、
勇気の波動《はどう》を起《お》こすのだ。
時代《じだい》の変化《へんか》は激《はげ》しく、
苦労《くろう》も多《おお》いだろうが、
どこまでも信心《しんじん》で団結《だんけつ》し、
信心で勝《か》とう。
何事《なにごと》も強気《つよき》でやり通《とお》す
執念《しゅうねん》が勝負《しょうぶ》を決《けっ》する。

一人も残《のこ》らず、
自分《じぶん》に勝ち、社会《しゃかい》で勝ち、
人生で勝つ
功徳満開《くどくまんかい》の春《はる》を迎《むか》えよう！

（二〇二三年三月十二日）

母《はは》よ　幸《さち》あれ！　和楽《わらく》あれ！

母《はは》は、
わが家《や》の太陽《たいよう》である。
いな、
世界《せかい》の太陽である。
いかに暗《くら》き
厳《きび》しい状況《じょうきょう》になっても、
母がいると
笑顔《えがお》の満開《まんかい》の光《ひかり》が
消《き》えることはない。

2011年５月、東京

母が輝《かがや》けば、
周囲《しゅうい》の暗闇《くらやみ》も明《あか》るくなる。
笑顔の花《はな》が
一輪《いちりん》また一輪と咲《さ》き薫《かお》る。
広布《こうふ》の道《みち》を進《すす》む
母の祈《いの》りと行動《こうどう》は、
必《かなら》ず地域再生《ちいきさいせい》の
大《おお》きな力《ちから》になっていく。

生命《せいめい》を育《はぐく》む力。
生命を尊《とうと》ぶ心《こころ》。
本来《ほんらい》、

「命《いのち》」そのものに
国境《こっきょう》も差別《さべつ》も格差《かくさ》もない。
あってはならない。
それを誰《だれ》よりも実感《じっかん》し
知悉《ちしつ》しているのは、
女性《じょせい》である。
創価《そうか》の女性たちは、
生命尊厳《そんげん》の大哲学《だいてつがく》を掲《かか》げ、
一人《ひとり》の人《ひと》を大切《たいせつ》にする
実践《じっせん》をたゆみなく
積《つ》み重《かさ》ねている。
それが、
いかに重要《じゅうよう》な

平和創出《へいわそうしゅつ》の意義《いぎ》を
持《も》っているか、
計《はか》り知《し》れない。

人を育《そだ》てる苦労《くろう》と喜《よろこ》びは
何《なん》と尊く、深《ふか》いものか。
わが子《こ》のため、
わが友《とも》のため、
祈り、悩《なや》み、尽《つ》くす。
その目《め》に見《み》えない
労苦《ろうく》と奮闘《ふんとう》は、
必ずや自分自身《じぶんじしん》の生命の
福徳《ふくとく》となって積まれる。

そして、その福徳が、
そのまま、
わが子に、わが友に
伝《つた》わっていく。

今《いま》ほど、母の願《ねが》いが、
皆《みな》の心に
深く響《ひび》く時《とき》はない。
今ほど、母の声《こえ》が、
皆に勇気《ゆうき》を贈《おく》る時はない。
母よ、強《つよ》くあれ！
幸《さち》あれ！　和楽《わらく》あれ！
健康《けんこう》あれ！

偉大《いだい》なる
「人間世紀《にんげんせいき》の母」たち、
万歳《ばんざい》！

（二〇二三年五月十四日）

夏
Summer

貴女《あなた》の足元《あしもと》に幸福《こうふく》の道《みち》はある

若《わか》き女性《じょせい》の力《ちから》が、
どれほど偉大《いだい》であるか。
妙法《みょうほう》を持《たも》った一人《ひとり》が
本気《ほんき》になって
立《た》ち上《あ》がれば、
一家《いっか》の宿命《しゅくめい》を
大《おお》きく転換《てんかん》して
いくことができる。
地域《ちいき》を変革《へんかく》していける。

〝希望《きぼう》の太陽《たいよう》〟となって、
皆《みな》に勇気《ゆうき》を送《おく》って
いくことができる。

太陽になるのです。
太陽の光《ひかり》は、
全部《ぜんぶ》が全部、

光を
反射《はんしゃ》してくれる星《ほし》の上《うえ》に
落《お》ちるわけではない。
まったく光が無駄《むだ》に
使《つか》われたかのような
方向《ほうこう》にも、

1994年5月、イタリア・フィレンツェ

太陽は光を送っている。
それでも
太陽は平然《へいぜん》と輝《かがや》いている。
あなたは
光を送った分《ぶん》だけ、
自分自身《じぶんじしん》が
輝いていくのです。

皆さんは若くして、
自分自身の心《こころ》に、
そして、
あらゆる友《とも》の心に、
絶対《ぜったい》にして永遠《えいえん》なる

幸福《こうふく》の花《はな》を咲《さ》かせる
「仏《ほとけ》の種《たね》」を
蒔《ま》きゆく人《ひと》である。
これほど
尊貴《そんき》な使命《しめい》の青春《せいしゅん》はない。
皆さんが勇気をもって
仏法《ぶっぽう》を語《かた》った分だけ、
仏縁《ぶつえん》が結《むす》ばれる。

創価《そうか》の女性こそ、
「歓喜《かんき》の中《なか》の大歓喜《だいかんき》」の
人生《じんせい》の劇《げき》を飾《かざ》りゆく
偉大な名優《めいゆう》である。

人類《じんるい》の平和《へいわ》と幸福のため、
真面目《まじめ》に、
一生懸命《いっしょうけんめい》に戦《たたか》う女性ほど、
崇高《すうこう》にして
神々《こうごう》しい存在《そんざい》は、
断《だん》じてない。

「勝利《しょうり》」と
「幸福」の道《みち》は、
貴女《あなた》たちの
足元《あしもと》にあるのだ。
きょう一日歩《いちにちあゆ》みゆく、
その足下《そっか》にあるのだ。

創価の花の青春を、
勇気も美《うつく》しく、
忍耐《にんたい》も輝かせながら
生《い》き抜《ぬ》くことだ。

（二〇二三年六月四日）

青年《せいねん》よ！ 青空《あおぞら》へ伸《の》びゆけ

青年《せいねん》は、希望《きぼう》の旭日《きょくじつ》だ。
いかなる暗闇《くらやみ》も
鮮烈《せんれつ》に打《う》ち払《はら》う。
青年は、正義《せいぎ》の宝剣《ほうけん》だ。
いかなる邪悪《じゃあく》も
厳然《げんぜん》と断《た》ち切《き》る。
青年は、勝利《しょうり》の旗印《はたじるし》だ。
いかなる激戦《げきせん》も
断固《だんこ》と勝《か》ち開《ひら》く。

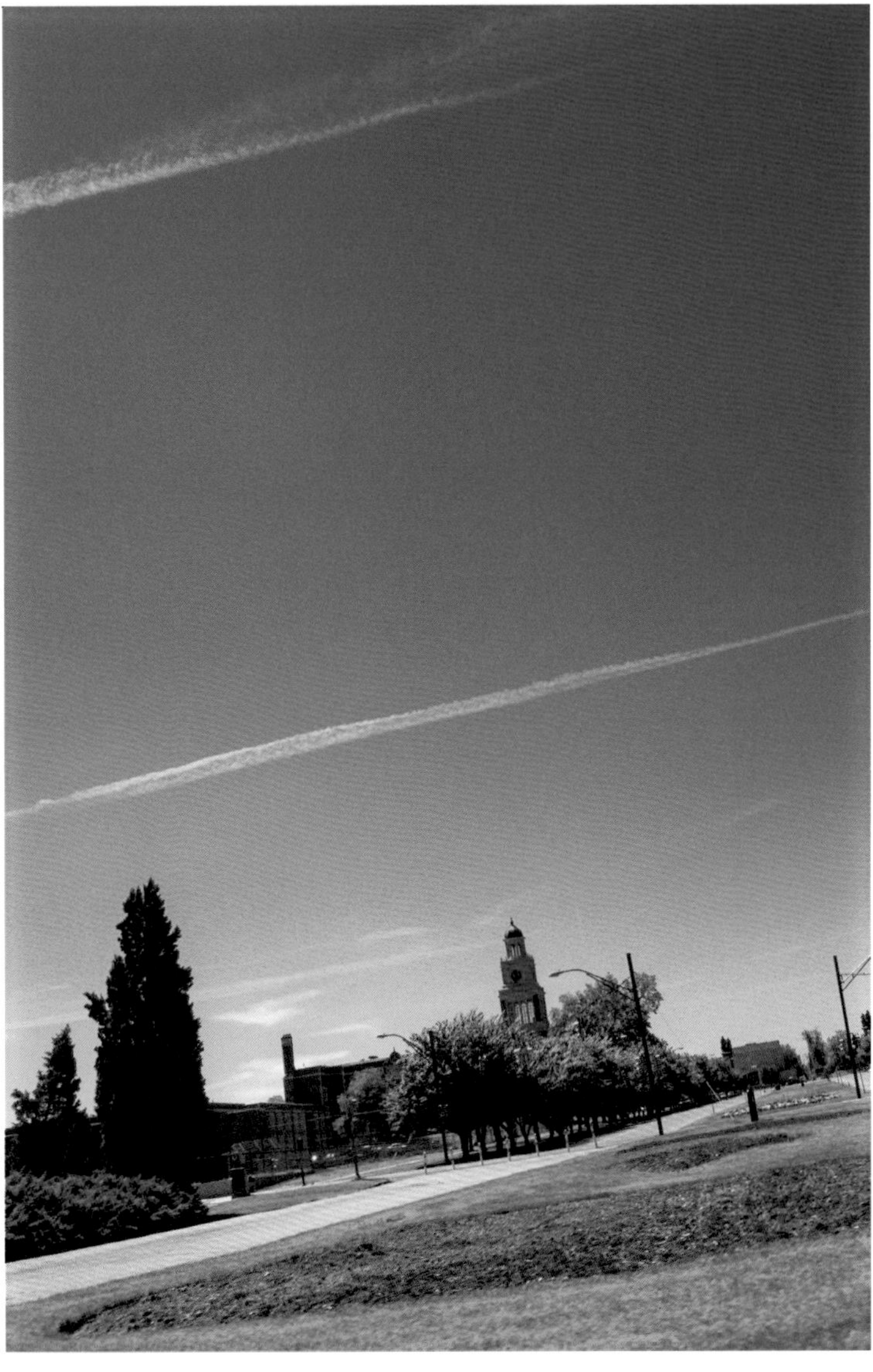

1996年6月、アメリカ・デンバー

わが創価学会《そうかがっかい》には、
この若《わか》き熱《ねつ》と力《ちから》が
沸騰《ふっとう》している。

青春時代《せいしゅんじだい》は、
失敗《しっぱい》も財産《ざいさん》だ。
苦労《くろう》が宝《たから》になる。
うまくいかなくても、
くよくよせず、
また挑戦《ちょうせん》すればいい。
「当《あ》たって砕《くだ》けろ」の心意気《こころいき》で、
勇気《ゆうき》を持《も》って、
臆《おく》さずに挑《いど》むのだ。

限界《げんかい》の壁《かべ》を破《やぶ》るのが、
青年の特権《とっけん》だ。

若《わか》さとは、
「動《うご》く」ことである。
知恵《ちえ》を振《ふ》り絞《しぼ》り、心《こころ》を働《はたら》かせ、
何《なに》かを為《な》すことだ。
どんな境遇《きょうぐう》にあっても、
何《なん》とかしようという
挑戦の心を忘《わす》れないことだ。
その人《ひと》の生命《せいめい》は若い。
妙法《みょうほう》は、永遠《えいえん》の若さだ。

若さとは、
何《なに》ものにも屈《くっ》せざる力だ。
雨《あめ》が降《ふ》ろうが、風《かぜ》が吹《ふ》こうが、
晴《は》れ渡《わた》る青空《あおぞら》をめざして
伸《の》びゆく力だ。

若さとは、
何ものも恐《おそ》れぬ魂《たましい》だ。
いかなる壁にも怯《ひる》まず、
雄々《おお》しく突《つ》き破《やぶ》り、
乗《の》り越《こ》える大闘争心《だいとうそうしん》だ。

キーワードは「友情《ゆうじょう》」である。
主役《しゅやく》は「青年」である。

「仲良《なかよ》くしよう」という
心を広《ひろ》げ、
新《あら》たな〝時《とき》〟を創《つく》るのだ。
青年が自《みずか》らの行動《こうどう》で、
青年を糾合《きゅうごう》するのだ。
目《め》の前《まえ》の友《とも》と語《かた》らい、
友情を結《むす》ぶ。
最《もっと》も地道《じみち》で
最も確実《かくじつ》な平和《へいわ》の王道《おうどう》が、
ここにある。

（二〇二一年七月二十五日）

生命力満々《せいめいりょくまんまん》と祈《いの》りから出発《しゅっぱつ》

勝利《しょうり》の人生《じんせい》、
幸福《こうふく》な人生のために、
何《なに》が大切《たいせつ》か。
それは、日々《ひび》、瞬間瞬間《しゅんかんしゅんかん》、
生命力《せいめいりょく》を満々《まんまん》と
たたえていくことである。
そのカギこそ、
信心《しんじん》である。
真剣《しんけん》なる祈《いの》りである。

朝《あさ》の勤行《ごんぎょう》が大事《だいじ》である。
朝の勤行は
〝生命《せいめい》の目覚《めざ》め〟であり、
胸中《きょうちゅう》に赫々《かっかく》たる太陽《たいよう》を
昇《のぼ》らせゆく源泉《げんせん》であり、
この生命の大《おお》いなる
覚醒《かくせい》の座《ざ》から
出発《しゅっぱつ》していくならば、
その日一日《ひいちにち》、
新鮮《しんせん》な「朝」の
息吹《いぶき》をたたえ、
確実《かくじつ》な充実《じゅうじつ》と成長《せいちょう》の

〝一歩《いっぽ》〟を
刻《きざ》みゆくことができる。

勤行には〝生命の整頓《せいとん》〟
〝生命の調整《ちょうせい》〟への
働《はたら》きがある。
不幸《ふこう》の方向《ほうこう》へ
行《い》かないように
軌道《きどう》を整《ととの》えていく。
また唱題《しょうだい》は
福運《ふくうん》の〝貯金《ちょきん》〟となる。
雨《あめ》によって、
芝生《しばふ》の緑《みどり》が

2023年７月、東京

生《い》き返《かえ》るように、
生命を生き生きと
蘇生《そせい》させ、開《ひら》き、
円満《えんまん》な完成《かんせい》へと
つくり上《あ》げていく。
ゆえに、一生涯《いっしょうがい》、
御本尊《ごほんぞん》から
離《はな》れてはいけない。

〝唱題の人《ひと》〟が
〝勝利の人〟である。
題目《だいもく》をあげぬいた人には、
諸天《しょてん》が続々《ぞくぞく》と参集《さんしゅう》する。

最大《さいだい》に幸福の方向へと
導《みちび》いてくれる。
題目にかなうものは
何もない。

祈りは戦《たたか》いである。
疑《うたが》い、実践《じっせん》もしなければ、
仏《ほとけ》の偉大《いだい》な力《ちから》に
ブレーキをかけてしまう。
祈りは勢《いきお》いである。
どうか共々《ともども》に、
白馬《はくば》が
天空《てんくう》を駆《か》けるように、

軽《かろ》やかに、すがすがしく、
唱題の声《こえ》を響《ひび》かせ、
生命力満々と
広布《こうふ》の活動《かつどう》に邁進《まいしん》しよう。

（二〇二三年七月二十三日）

若《わか》き心《こころ》の大地《だいち》に希望《きぼう》の種《たね》を

人《ひと》は、生命《せいめい》と生命を
触発《しょくはつ》し合《あ》いながら
成長《せいちょう》する。
そして、善《よ》き人間《にんげん》の力《ちから》は、
善人《ぜんにん》をつくる。
悪《あ》しき人間の力は、
悪人《あくにん》をつくってしまう。
善き人間と人間との
関係《かんけい》をもつことが、

絶対《ぜったい》に必要《ひつよう》な法則《ほうそく》である。

若《わか》き心《こころ》の大地《だいち》に
希望《きぼう》の種《たね》を蒔《ま》き、
大切《たいせつ》に守《まも》り、育《はぐく》み、
将来《しょうらい》の大樹《たいじゅ》と仰《あお》ぎ見《み》る。
未来部育成《みらいぶいくせい》は、
何《なん》とロマンの
聖業《せいぎょう》であろうか。

励《はげ》ましの声《こえ》を
かけることだ。
「これは、いいね!」

1994年５月、イタリア・フィレンツェ

「よくやった！」
「素晴《すば》らしい！」
何《なに》か、いいものがあれば、
必《かなら》ずほめてあげることだ。

若き生命を触発するのは、
真心《まごころ》の祈《いの》りと
誠実《せいじつ》の励ましだ。
生《い》き生きと
信仰《しんこう》の大確信《だいかくしん》を
語《かた》り伝《つた》えよう。
未来の大樹を
大《おお》いに伸《の》ばしながら！

後輩《こうはい》を成長させるには、
まず、自分自身《じぶんじしん》が
雄々《おお》しく前進《ぜんしん》することだ。
勇敢《ゆうかん》に、
課題《かだい》に挑戦《ちょうせん》することだ。
その弛《たゆ》みなき向上《こうじょう》の一念《いちねん》を
忘《わす》れないでいただきたい。

創価学会《そうかがっかい》の永遠《えいえん》の勝利《しょうり》も、
現在《げんざい》の人材《じんざい》育成で決《き》まる。
ゆえに、
人の何倍《なんばい》も苦労《くろう》しながら、

大誠実《だいせいじつ》で人材を育《そだ》てゆく
福徳《ふくとく》も、三世《さんぜ》に不滅《ふめつ》だ。
一家眷属《いっかけんぞく》が
永遠に栄《さか》えゆくことは、
断《だん》じて間違《まちが》いない。

さあ、創価の宝《たから》、
人類《じんるい》の希望の
未来部を励まそう！
共《とも》に成長しよう！
広宣流布《こうせんるふ》の永遠の流《なが》れを
確立《かくりつ》する聖業に連《つら》なる
誇《ほこ》りを胸《むね》に前進し、

充実《じゅうじつ》と鍛《きた》えの夏《なつ》を、
健康第一《けんこうだいいち》で
送《おく》ろうではないか！

（二〇二三年七月二日）

成長《せいちょう》と幸福《こうふく》は「挑戦《ちょうせん》」の中《なか》に

大宇宙《だいうちゅう》の万物《ばんぶつ》が、挑戦《ちょうせん》を続《つづ》ける。
花《はな》は、
懸命《けんめい》に深雪《みゆき》を割《さ》いて新芽《しんめ》を出《だ》し、
波《なみ》は、
体当《たいあ》たりを重《かさ》ねて巌《いわお》を削《けず》り、
太陽《たいよう》は、
日々《ひび》、暁闇《ぎょうあん》を破《やぶ》って躍《おど》り出《で》る。
人《ひと》が見《み》ようが、見まいが、
己《おの》が使命《しめい》を果《は》たさんと、

黙々《もくもく》と、忍耐強《にんたいづよ》く、
労作業《ろうさぎょう》を繰《く》り返《かえ》す。
挑戦！　挑戦！　挑戦！

それが、
〝生《い》きる〟ということなのだ。

まず一歩《いっぽ》を踏《ふ》み出《だ》すのだ。
うまくいかないことがあっても、
「よし！」と思《おも》い直《なお》して、
何度《なんど》でも挑戦すればいい。
その連続《れんぞく》の中《なか》に
成長《せいちょう》があり、幸福《こうふく》もある。

人生《じんせい》には、挫折《ざせつ》もあれば
行き詰《づ》まりもある。
そうした時《とき》に、
何《なに》ものにも負《ま》けない強《つよ》さをもち、
それを堂々《どうどう》と
乗《の》り越《こ》えていけるかどうかに、
幸《こう》・不幸《ふこう》の鍵《かぎ》がある。
そこに、
仏法《ぶっぽう》を求《もと》めざるをえない
理由《りゆう》がある。

信心《しんじん》ある限《かぎ》り、

2007年７月、東京

人生の不遇《ふぐう》も、失敗《しっぱい》も、
すべて
生《い》かし切《き》っていくことができる。
ゆえに、
仏法者《ぶっぽうしゃ》に行き詰まりはない。
「ただ唱題《しょうだい》」「ただ、ただ広布《こうふ》」
——その炎《ほのお》のごとき一念《いちねん》と実践《じっせん》が、
暗夜《あんや》を開《ひら》いていくのだ。

大事《だいじ》なのは
「今《いま》から」の決意《けつい》だ。
「これから」の行動《こうどう》だ。
その連続闘争《とうそう》が、

大《おお》きな歴史《れきし》を築《きず》く原動力《げんどうりょく》となる。

（二〇一八年六月二日）

不戦世界《ふせんせかい》へ「内《うち》なる変革《へんかく》」を

私は、断《だん》じて
戦争《せんそう》に反対《はんたい》する！
絶対《ぜったい》に反対する！
私と同《おな》じ世代《せだい》の
多《おお》くの青年《せいねん》たちが、
国家《こっか》からはおだてられ、
喜《よろこ》び勇《いさ》んで、
戦地《せんち》に行《い》かされた。
しかし、

1981年８月、アメリカ・ハワイ

その家族《かぞく》の心《こころ》の奥《おく》には、
どれほど苦痛《くつう》と悲嘆《ひたん》と
不幸《ふこう》のわびしき嵐《あらし》が
吹《ふ》き荒《あ》れていたことか。

戦争ほど
悲惨《ひさん》なものはない。
戦争は絶対悪《ぜったいあく》である。
断《だん》じて二度《にど》と
繰《く》り返《かえ》すな！
この誓《ちか》いを
新《あら》たにしたい。
そのための

人間革命運動《にんげんかくめいうんどう》である。

人類《じんるい》が目指《めざ》すべきは、
多様性《たようせい》を尊重《そんちょう》し、
互《たが》いの差異《さい》を
新たな価値創造《かちそうぞう》の
源泉《げんせん》とし、
プラスの影響《えいきょう》を与《あた》え合《あ》う
共存共栄《きょうそんきょうえい》である。
そして、いかなる国《くに》も、
いかなる民族《みんぞく》も、
〝かけがえのない存在《そんざい》〟
として尊重され、

皆《みな》が調和《ちょうわ》していく
地球社会《ちきゅうしゃかい》の建設《けんせつ》なのだ。

「平和《へいわ》の文化《ぶんか》」といっても、
どこか遠《とお》くに
あるものではない。
自身《じしん》の心のなかに、
多様性を尊重し、
他者《たしゃ》を慈《いつく》しむ、
寛容《かんよう》と非暴力《ひぼうりょく》の精神《せいしん》を、
いかに築《きず》きゆくか。
換言《かんげん》すれば、
他者を差別《さべつ》する

不寛容《ふかんよう》の心、
狭隘《きょうあい》なるエゴの心を
超克《ちょうこく》しゆく
「内《うち》なる変革《へんかく》」への
挑戦《ちょうせん》から、
私たちは
出発《しゅっぱつ》すべきなのである。

乱世《らんせい》を照《て》らす
立正安国《りっしょうあんこく》の哲学《てつがく》を、
人類が渇仰《かつごう》している。
我《われ》らは一歩《いっぽ》も退《しりぞ》かない。
一人《ひとり》一人と

確信《かくしん》の対話《たいわ》を広《ひろ》げ、
民衆《みんしゅう》の笑顔《えがお》が光《ひか》る
生命尊厳《せいめいそんげん》の社会を
築きゆこう！

（二〇二三年八月十三日）

「向上《こうじょう》の人《ひと》」こそ偉大《いだい》！

人間《にんげん》の幸福《こうふく》といっても、
自分《じぶん》の臆病《おくびょう》や
怠惰《たいだ》などの弱《よわ》さと戦《たたか》い、
勝《か》つことから始《はじ》まる。
人間革命《かくめい》とは、
自己自身《じこじしん》に
勝利《しょうり》していくことである。
大事《だいじ》なことは、
強盛《ごうじょう》な信心《しんじん》に励《はげ》み、

大功徳《だいくどく》を受《う》け、
生活《せいかつ》も豊《ゆた》かになり、
幸福に満《み》ち満ちた
悠々《ゆうゆう》たる大境涯《だいきょうがい》に
なっていくことである。
そのための
学会《がっかい》の活動《かつどう》である。

「人《ひと》と比《くら》べる」よりも、
「きのうの自分」と
比べてどうか。
「きのうの自分」より
「きょうの自分」、

2019年 8月、埼玉

「きょうの自分」より
「あすの自分」を見《み》よ——
そう生《い》き抜《ぬ》く
「向上《こうじょう》の人」こそ、
偉大《いだい》なる人生《じんせい》の山《やま》を
登《のぼ》りきれる人である。
「栄光《えいこう》の旗《はた》」は
「努力《どりょく》の風《かぜ》」にこそ
悠々と、はためく。

人間革命とは、
一面《いちめん》からいえば
「一流《いちりゅう》の人間」に

成長《せいちょう》することでもある。
一流の人は、
「力《ちから》」とともに
「人格《じんかく》」も立派《りっぱ》だ。
誠実《せいじつ》である。
何《なに》ごとも、
薄《うす》っぺらな策《さく》ではなく、
自分の全人格《ぜんじんかく》で
ぶつかっていくことだ。

「勇気《ゆうき》」が
「慈悲《じひ》」に通《つう》ずる――
戸田先生《とだせんせい》の至言《しげん》である。

真実《しんじつ》を語《かた》り、
正義《せいぎ》を叫《さけ》び抜く。
折伏《しゃくぶく》の功徳は、
限《かぎ》りなく大《おお》きい。
自分が得《とく》をする。
相手《あいて》も得をする。
そして一家一族《いっかいちぞく》へ、
社会《しゃかい》へと、福運《ふくうん》は
幾重《いくえ》にも広《ひろ》がっていく。
広宣流布《こうせんるふ》のために動《うご》こう
――その心《こころ》が功徳を生《う》む。
対話《たいわ》の秋《あき》である。
にこやかな笑顔《えがお》で、

陽気《ようき》に
歌《うた》を口《くち》ずさむように、
快活《かいかつ》に進《すす》もう！

（二〇一九年九月十五日）

秋

Autumn

生命《せいめい》――天《てん》にも勝《まさ》る美《うつく》しきもの

夜空《よぞら》を見上《みあ》げ、
月光《げっこう》と語《かた》り、
星々《ほしぼし》の瞬《また》きに
心《こころ》を澄《す》ませる。
このような
大宇宙《だいうちゅう》との関《かか》わりが、
心をどれほど
豊《ゆた》かにしてくれることか。
朗々《ろうろう》と勤行《ごんぎょう》・唱題《しょうだい》する時《とき》、

この身《み》は現実《げんじつ》の生活《せいかつ》の場《ば》に
いながらにして、
宇宙を悠然《ゆうぜん》と
包《つつ》み込《こ》むような
大境涯《だいきょうがい》を開《ひら》いていける。

人類《じんるい》が地球《ちきゅう》の歴史《れきし》に
思《おも》いをはせ、
さらに広大《こうだい》なる天空《てんくう》を
見上げて生《い》きれば、
心のせまい争《あらそ》いの愚《おろ》かさと
平和《へいわ》の大切《たいせつ》さに
気《き》づくにちがいない。

2005年11月、東京

荘厳《そうごん》なる「永遠《えいえん》」を
仰《あお》いで進《すす》めば、
小《ちい》さなエゴの対立《たいりつ》など
あまりにもむなしいことが
理解《りかい》されるだろう。

人間《にんげん》は、ともすれば
自分《じぶん》の考《かんが》えや
感情《かんじょう》に執着《しゅうちゃく》するあまり、
〝小我《しょうが》〟の世界《せかい》に
閉《と》じこもってしまう。
広宣流布《こうせんるふ》の
大使命《だいしめい》を自覚《じかく》し、

法のために
同志《どうし》と団結《だんけつ》していく時、
〝小我〟の殻《から》は破《やぶ》られ、
〝大我《たいが》〟が開《ひら》かれる。
その時、
自己《じこ》の個性《こせい》もまた、
大《おお》きく
輝《かがや》かせることができる。

「広宣流布」は
仏《ほとけ》の願《ねが》いであり、
人類の希望《きぼう》の大道《だいどう》である。
民衆《みんしゅう》の幸福《こうふく》と

世界の平和――
この「大《おお》いなる理想《りそう》」に
生きることを
誓願《せいがん》する人生《じんせい》ほど、
価値《かち》ある
悔《く》いなき一生《いっしょう》はない。

天《てん》の星々に勝《まさ》るとも劣《おと》らず
美《うつく》しきものが、
この地上《ちじょう》にある。
それは、正義《せいぎ》のために、
恐《おそ》れなく戦《たたか》い抜《ぬ》く
人間の生命《せいめい》の

輝きではないだろうか。
正《ただ》しき信念《しんねん》に生き抜く
人間の連帯《れんたい》こそが、
一等星《いっとうせい》のごとく輝きを放《はな》つ
宇宙の至宝《しほう》である。

（二〇二三年九月十日）

幸福《こうふく》の地図《ちず》を朗《ほが》らかに

人間《にんげん》は、対話《たいわ》の中《なか》でこそ、
真《しん》の人間に成長《せいちょう》する。
対話とは、
相手《あいて》から学《まな》ぶことである。
そこには
相手への尊敬《そんけい》がある。
相手から学べば、
自分《じぶん》も豊《ゆた》かになる。
だから豊かな対話には

喜《よろこ》びがある。幸福《こうふく》がある。
平和《へいわ》がある。
対話それ自体《じたい》が、
人間の勝利《しょうり》の証《あか》しなのだ。

人間として
爽《さわ》やかな好感《こうかん》を
広《ひろ》げていくことだ。
そこから、対話がはずみ、
友情《ゆうじょう》が生《う》まれ、
仏縁《ぶつえん》が結《むす》ばれる。
御本尊《ごほんぞん》に
「皆《みな》と仲良《なかよ》くできる自分、

信頼《しんらい》される自分に
成長させてください」と
祈《いの》るのだ。

困難《こんなん》であればあるほど、
舞《まい》を舞《ま》うごとく、
喜び勇《いさ》んで進《すす》むのだ。
民衆《みんしゅう》のために——
この一点《いってん》を
忘《わす》れてはならない。
人《ひと》に尽《つ》くす人こそが
真実《しんじつ》の王者《おうじゃ》だ。

2020年９月、東京

広宣流布《こうせんるふ》のために、
動《うご》いた分《ぶん》、走《はし》った分、
語《かた》った分、
真の友情の道《みち》が開《ひら》ける。
自他共《じたとも》の
幸福の地図《ちず》が広がる。
これ以上《いじょう》、充実《じゅうじつ》した、
悔《く》いなき歴史《れきし》はない。
向《む》かい風《かぜ》であっても、
泥沼《どろぬま》であっても、
友《とも》と手《て》を携《たずさ》え、前《まえ》へ前へ
進み抜《ぬ》いていけば、
崩《くず》れざる「異体同心《いたいどうしん》」の

スクラムができあがる。
対話には納得《なっとく》がある。
信頼がある。 知恵《ちえ》がある。
生《い》き生きとした対話は、
民主主義《みんしゅしゅぎ》の基盤《きばん》である。
対話で民衆を励《はげ》まし、
民衆の心《こころ》と心を結べ！
これが、
広宣流布の不変《ふへん》の軌道《きどう》だ。
皆が力《ちから》を出《だ》し切《き》ろう！
胸《むね》を張《は》り、 声《こえ》も惜《お》しまず、

わが信念《しんねん》を語ろう！
朗《ほが》らかに伸《の》び伸びと、
笑《え》みを湛《たた》えて、
友情を結ぼう！

（二〇二一年八月二十九日）

学《まな》び続《つづ》ける人生《じんせい》は負《ま》けない

学《まな》ぶことは楽《たの》しい。
〝知《ち》〟の発見《はっけん》は
人生《じんせい》の喜《よろこ》びである。
そして喜びが
才能《さいのう》の芽《め》を伸《の》ばす。
人《ひと》との比較《ひかく》ではなく、
自分《じぶん》なりに
向上《こうじょう》していくことである。

学び続《つづ》ける人、
行動《こうどう》し続ける人は
永遠《えいえん》に若《わか》い。
向上しゆく生命《せいめい》は、
たゆみなく流《なが》れる
水《みず》のように
常《つね》に新《あたら》しく、
清《きよ》らかさがある。

活字《かつじ》を読《よ》むことによって、
頭脳《ずのう》が、精神《せいしん》が、
創造力《そうぞうりょく》が
どんどん鍛《きた》えられていく。

1998年11月、京都

なかんずく
人類《じんるい》の遺産《いさん》である
良書《りょうしょ》によって、
生命そのものを
磨《みが》き深《ふか》めることができる。

読書《どくしょ》は、
生命と生命の打《う》ち合《あ》いだ。
その積《つ》み重《かさ》ねの中《なか》でこそ、
どんな時代《じだい》の激流《げきりゅう》にも
動《どう》じない生命力《せいめいりょく》をもった、
大《おお》いなる自己《じこ》を
鍛え上《あ》げることができる。

仕事《しごと》の場《ば》でも家庭《かてい》でも、
日常《にちじょう》の瑣事《さじ》の中からでも、
得《え》がたい勉強《べんきょう》を
していくことができる。
5分《ふん》の間《あいだ》に新聞《しんぶん》を読む、
本《ほん》をひもとく、
ニュースに耳《みみ》を傾《かたむ》ける、
人との出会《であ》いからも必《かなら》ず
何《なに》かをつかみとっていく。
忙《いそが》しそうに見《み》えても、
その人は、
「多忙《たぼう》」そのものを

「学び」に変《か》えていける。
学べば「世界《せかい》」は広《ひろ》がる。
「学ぶ」こと自体《じたい》が
「喜び」であり
「幸福《こうふく》」である。
「学ぼうとする決意《けつい》」は
即《そく》「希望《きぼう》の光《ひかり》」であり、
「学び抜《ぬ》こうとする執念《しゅうねん》」は
即「勝利《しょうり》の光」である。

学び続ける人生は、
決《けっ》して負《ま》けない。

学び抜く生命には、
偉大《いだい》な前進《ぜんしん》があり、
価値創造《かちそうぞう》がある。

（二〇二二年十一月六日）

「人間革命《にんげんかくめい》の宗教《しゅうきょう》」の道《みち》を

一人《ひとり》の人間《にんげん》の
蘇生《そせい》と歓喜《かんき》の人生《じんせい》こそ、
宗教本来《しゅうきょうほんらい》の目的《もくてき》であり、
根本《こんぽん》である。

したがって、
真《しん》に求《もと》められるのは、
生命《せいめい》の尊厳《そんげん》を説《と》き明《あ》かし、
一人の人間を強《つよ》く、
賢《かしこ》くする宗教である。

2010年11月、東京

そこに、

「宗教のための宗教」

ではない、

「人間のための宗教」の
機軸《きじく》がある。

日蓮仏法《にちれんぶっぽう》は、徹頭徹尾《てっとうてつび》、
「人間のための宗教」だ。
一番重視《いちばんじゅうし》すべきは、
どこまでも
眼前《がんぜん》の一人を救《すく》い、
幸福《こうふく》にしていく実践《じっせん》だ。
苦《くる》しみ、悩《なや》んでいる人《ひと》を

助《たす》けようとする、
慈愛《じあい》の奉仕《ほうし》に徹《てっ》する
「行動《こうどう》」にこそ、
宗教の価値《かち》がある。

悩みや苦しみを抱《かか》え、
いつも「救われる側《がわ》」にいた
民衆《みんしゅう》が、
いつしか人々《ひとびと》を支《ささ》え、
「救う側」に回《まわ》り、
「柱《はしら》」「眼目《がんもく》」「大船《たいせん》」と
なっていく宗教である。
世界中《せかいじゅう》に、

「民衆の柱」
「幸福の眼目」
「希望《きぼう》の大船」たる
人材《じんざい》を生《う》み出《だ》しているのが
創価学会《そうかがっかい》なのだ。
ここに
「人間革命《かくめい》の宗教」の
一大実証《いちだいじっしょう》がある。

わが創価学会には――
民衆の苦悩《くのう》の暗闇《くらやみ》を破《やぶ》り、
勇気《ゆうき》と希望を与《あた》えゆく
慈悲《じひ》の大光《たいこう》がある。

敢然《かんぜん》と邪悪《じゃあく》を打倒《だとう》し、
正義《せいぎ》を叫《さけ》び抜《ぬ》く
師子吼《ししく》がある。
宿命《しゅくめい》を転換《てんかん》し、
自他共《じたとも》の幸福を築《きず》きゆく、
信心《しんじん》の大確信《だいかくしん》がある。

広宣流布《こうせんるふ》という
末法万年《まっぽうまんねん》にわたる大願《だいがん》の
戦《たたか》いに終《お》わりはない。
それは、全人類《ぜんじんるい》を
平和《へいわ》へと導《みちび》いていく
間断《かんだん》なき行動と対話《たいわ》の

連続闘争《れんぞくとうそう》であるからだ。
この粘《ねば》り強《づよ》き勇猛精進《ゆうみょうしょうじん》に、
私たち自身《じしん》の
人間革命があり、
宿命転換がある。

（二〇二一年十一月二十八日）

文化《ぶんか》は人間《にんげん》を結《むす》ぶ平和《へいわ》の力《ちから》

芸術《げいじゅつ》は、
生《い》きる歓《よろこ》びの歌《うた》である。
芸術は、
人間《にんげん》を結《むす》びあう力《ちから》である。
芸術は、
波濤《はとう》を乗《の》り越《こ》えて
平和《へいわ》へ進《すす》みゆく、
生命《せいめい》の勝利《しょうり》の舞《まい》である。

自分《じぶん》の中《なか》の
「人間」の解放《かいほう》が
芸術なのである。
抑《おさ》えつけられ、
自分の中に、
たまりにたまった
「思《おも》い」がある。
声《こえ》にならない
「叫《さけ》び」がある。
それを声にし、
形《かたち》にするのが芸術だ。

本物《ほんもの》の美《び》に出《で》あった時《とき》、

1997年11月、東京

人《ひと》は心《こころ》を動《うご》かされる。
芸術の魂《たましい》に触《ふ》れた時、
人は「感動《かんどう》」する。
その「感動」は、
「生きる力」となる。
「文化《ぶんか》」と「教育《きょういく》」は、
人間の精神《せいしん》を耕《たがや》し、
豊《ゆた》かにし、
平和を築《きず》いていくための
源泉《げんせん》である。

「美」に出あう時、
人は平等《びょうどう》に

「人間」に立《た》ち返《かえ》る。
世《よ》の中は
差別《さべつ》の社会《しゃかい》だが、
そのなかで、
皆《みな》が平等に「人間」に
立ち戻《もど》れる場《ば》が必要《ひつよう》だ。
それが
「文化の広場《ひろば》」であり、
「芸術の森《もり》」なのである。
また、本来《ほんらい》の宗教《しゅうきょう》の
社会的役割《しゃかいてきやくわり》の一《ひと》つも、
そこにある。

文化とは
「人間性《にんげんせい》の開花《かいか》」である。
だから国境《こっきょう》を超《こ》え、
時代《じだい》を超え、
一切《いっさい》の差別を超える。
そして、
正《ただ》しい仏法《ぶっぽう》の実践《じっせん》は、
自分を耕し、
最高《さいこう》の「文化的人生《ぶんかてきじんせい》」を
生きるための触発《しょくはつ》となる。

使命《しめい》も深《ふか》き
「創価《そうか》」の宝冠《ほうかん》を戴《いただ》く

偉大《いだい》な同志《どうし》たちよ！
生命歓喜《かんき》の勝《か》ち鬨《どき》で、
至高《しこう》の芸術と輝《かがや》く
人生を飾《かざ》れ！

（二〇二三年十月八日）

「戦《たたか》う心《こころ》」が長寿《ちょうじゅ》の源泉《げんせん》

人《ひと》のため、法《ほう》のため、
広宣流布《こうせんるふ》のために
尽《つ》くしていこうという
「心《こころ》」が燃《も》えていれば、
その人は若々《わかわか》しい。
真《しん》の健康《けんこう》な生命《せいめい》が
輝《かがや》いている。
「戦《たたか》う心」こそ
「健康・長寿《ちょうじゅ》の源泉《げんせん》」なのだ。

「広宣流布のために！」――
こう祈《いの》り、戦い抜《ぬ》く時《とき》、
わが生命に、
無敵《むてき》の力《ちから》が湧《わ》き上《あ》がる。
底知《そこし》れぬ生命力《せいめいりょく》、
くめども尽きぬ希望《きぼう》、
そして病魔《びょうま》を断《た》ち切《き》る
勇気《ゆうき》の宝剣《ほうけん》が生《う》まれる。

朗々《ろうろう》たる唱題《しょうだい》で、
力強《ちからづよ》い生命力と
豊《ゆた》かな智慧《ちえ》を

湧かせていくならば、
決《けっ》して
人生《じんせい》は行き詰《づ》まらない。
ストレスさえも、
「波乗《なみの》り」のように、
楽《たの》しみながら
乗《の》り越《こ》えていける。

いくつになっても、
伸《の》びよう、
前進《ぜんしん》しようと
している人は美《うつく》しい。
何《なん》でもいい、

2001年10月、山梨

挑戦《ちょうせん》していこうという
心が、尊《とうと》い。
それが、
健康・長寿の
エネルギーとなる。

人と関《かか》わっていくことは、
人間《にんげん》を強《つよ》くし、
人生を豊かにする。
脳《のう》も生《い》き生きとさせる。
ゆえに閉《と》じこもらないで、
臆病《おくびょう》の壁《かべ》を破《やぶ》って、
人と会《あ》い、人と語《かた》る――

人生の最終章《さいしゅうしょう》まで、
この最《もっと》も人間らしい実践《じっせん》に
励《はげ》んでいきたい。

一日《いちにち》でも長《なが》く生きれば、
それだけ
妙法《みょうほう》を唱《とな》えられる。
仏法《ぶっぽう》を
教《おし》え伝《つた》えることができる。
その分《ぶん》、永遠《えいえん》の福徳《ふくとく》が
積《つ》まれていく。
ともどもに、
健康で、長寿で、

「かけがえのない人生」
「使命《しめい》の人生」を
生き抜いていこう！

（二〇二三年十一月五日）

冬
Winter

会《あ》う勇気《ゆうき》が歴史《れきし》を変《か》える

人間《にんげん》は本来《ほんらい》、等《ひと》しく
平和《へいわ》を希求《ききゅう》している。
その心《こころ》を紡《つむ》ぎ出《だ》すのは、
美辞麗句《びじれいく》や
虚飾《きょしょく》の言《げん》ではない。
胸襟《きょうきん》を開《ひら》いた、
誠実《せいじつ》な人間性《にんげんせい》の
発露《はつろ》としての、
率直《そっちょく》な対話《たいわ》である。

友《とも》の幸福《こうふく》を祈《いの》り、
社会《しゃかい》の繁栄《はんえい》を願《ねが》い、
世界《せかい》の平和に
尽《つ》くしゆかんとする
我《われ》らの心は、
必《かなら》ず相手《あいて》の生命《せいめい》に伝《つた》わる。
その祈りと
真心《まごころ》からの対話こそが
友の命《いのち》を変《か》え、
真《しん》の友情《ゆうじょう》と理解《りかい》を生《う》む。

座《ざ》していたのでは、

1993年2月、アンデス山脈

事態《じたい》は開けない。
行動《こうどう》である。
会《あ》って語《かた》り合《あ》う
勇気《ゆうき》こそが、
歴史《れきし》を変えていくのだ。

大《おお》きく動《うご》けば、
自分《じぶん》の境涯《きょうがい》も大きくなる。
友情も大きく広《ひろ》がる。
大変《たいへん》な中《なか》で
精魂《せいこん》を注《そそ》いで
戦《たたか》った分《ぶん》だけ、
大きな福徳《ふくとく》が

我《わ》が身《み》を包《つつ》む。

正義《せいぎ》を語るのに、
遠慮《えんりょ》など必要《ひつよう》ない。
スッキリと語る。
ハッキリと訴《うった》える。
相手がよくわかるように、
心に入《はい》るように
言葉《ことば》を尽くすのだ。

同《おな》じ言葉でも、
発《はっ》する人間の誠意《せいい》で
重《おも》みは変わる。

いわんや友の幸福を
願い続《つづ》けた心が
届《とど》かないはずはない。

大きな大きな心で
友情を育《はぐく》みゆくことだ。
一《ひと》つ一つの
出会《であ》いを大切《たいせつ》に、
確信《かくしん》の対話を
勇気凜々《りんりん》と
広げゆくことだ。
その全《すべ》てが
仏縁《ぶつえん》となって光《ひか》る。

ここに
平和創造《そうぞう》の道《みち》があり、
幸福勝利《しょうり》の道がある。

（二〇二三年二月十九日）

座談会《ざだんかい》は全員主役《ぜんいんしゅやく》の幸福劇場《こうふくげきじょう》

学会《がっかい》の座談会《ざだんかい》こそ、
多種多彩《たしゅたさい》なメンバーが
集《つど》い合《あ》って場《ば》を共《とも》にし、
皆《みな》が平等《びょうどう》に語《かた》り合う、
平和《へいわ》と文化《ぶんか》と幸福《こうふく》の
オアシスである。
一人《ひとり》一人がどのような
状況《じょうきょう》であろうとも、
決《けっ》して誰《だれ》一人

置《お》き去《ざ》りにすることなく、
励《はげ》ましの語らいの花《はな》を
咲《さ》かせゆくのだ。

座談会は、
学会の生命線《せいめいせん》である。
座談会が
活気《かっき》と歓喜《かんき》にあふれ、
大《おお》いなる生命の
共感《きょうかん》と触発《しょくはつ》がある限《かぎ》り、
人々《ひとびと》の心《こころ》に
希望《きぼう》と勇気《ゆうき》の火《ひ》をともし、
幸《さち》の調《しら》べを広《ひろ》げ続《つづ》けて

いくに違《ちが》いない。

悩《なや》みを抱《かか》えながらも、
その場に座《ざ》を分《わ》けて
共にいること自体《じたい》が尊《とうと》い。
しかも同《おな》じ目線《めせん》で同苦《どうく》し、
共に苦難《くなん》を乗《の》り越《こ》えよう
という共感と対話《たいわ》がある。
いわば座談会自体が
各人《かくじん》の人間革命《にんげんかくめい》を
促《うなが》す場でもある。

座談会は

2020年２月、東京

参加者全員《さんかしゃぜんいん》が主役《しゅやく》だ。
老若男女《ろうにゃくなんにょ》を問《と》わず、
皆、大地《だいち》から躍《おど》り出《で》てきた
地涌《じゆ》の名優《めいゆう》ではないか！
一人一人が
汗《あせ》と涙《なみだ》でつかんだ体験《たいけん》は、
何《なに》ものにも代《か》え難《がた》い
「人間革命」の
感動《かんどう》のドラマではないか！
どんなに悩みを抱え、
どんなに
疲《つか》れ果《は》てていても、
必《かなら》ず元気《げんき》になれる。

前向《まえむ》きになれる。
勇気が湧《わ》いてくる。
これこそが、
座談会という
幸福劇場《げきじょう》なのだ。

「座談」の「談」の字《じ》には
「炎《ほのお》」が躍っている。
心が燃《も》えてこそ、
座談も熱《ねつ》をもつ。

さあ、
広布《こうふ》への情熱《じょうねつ》に燃えた
「大座談会運動《だいざだんかいうんどう》」の勢《いきお》いで、

自《みず》らが
「人間革命」しながら、
「創価完勝《そうかかんしょう》」の
突破口《とっぱこう》を開《ひら》こう！

（二〇二三年一月十五日）

「常勝《じょうしょう》」の心《こころ》で希望《きぼう》の春《はる》へ

人生《じんせい》においても、
社会《しゃかい》においても、
立《た》ちはだかる試練《しれん》を前《まえ》に、
「不可能《ふかのう》」と決《き》めつけて、
諦《あきら》めてしまえば、
それまでである。
しかし、どんな困難《こんなん》も、
打開《だかい》できないわけがないと
一念《いちねん》を定《さだ》め、

挑戦《ちょうせん》していけば、
そこから、
未《いま》だかつてない
「可能性《かのうせい》」を引《ひ》き出《だ》し、
「希望《きぼう》」を
創《つく》りあげることができる。

たとえ今《いま》、
試練の冬《ふゆ》にあろうとも、
心《こころ》は閉《と》じこもりはしない。
一歩《いっぽ》、
北風《きたかぜ》に踏《ふ》み出す勇気《ゆうき》に、
戦《たたか》う力《ちから》、負《ま》けない力が

1995年10月、兵庫

湧《わ》き上《あ》がる。
その心には、
もう勝利《しょうり》の春《はる》が
始《はじ》まっているのだ。

信心《しんじん》の途上《とじょう》で
起《お》こってくる苦難《くなん》は、
すべて意味《いみ》がある。
なかなか出口《でぐち》が見《み》えない
困難な状況《じょうきょう》であっても、
時《とき》がたち、
長《なが》い目《め》で見ていけば、
「なるほどそうだったのか」

「このためにあったのか」と
必《かなら》ず分《わ》かるものである。
ゆえに目先《めさき》の出来事《できごと》に
一喜一憂《いっきいちゆう》する必要《ひつよう》はない。

広布《こうふ》に生《い》き抜《ぬ》く時、
転換《てんかん》できぬ「宿命《しゅくめい》」など
絶対《ぜったい》にない。
皆《みな》が、地涌《じゆ》の菩薩《ぼさつ》であり、
幸福《こうふく》になる権利《けんり》がある。
皆が、人生の檜舞台《ひのきぶたい》で、
風雪《ふうせつ》の冬を陽光《ようこう》の春へ、
苦悩《くのう》を歓喜《かんき》へと転《てん》ずる

大《だい》ドラマの主人公《しゅじんこう》であり、
名優《めいゆう》であるのだ。

常勝《じょうしょう》とは、
不撓不屈《ふとうふくつ》の異名《いみょう》だ。
「断《だん》じて勝《か》つ！
最後《さいご》は勝つ！」という
大確信《だいかくしん》であり、
大闘争心《だいとうそうしん》だ。
この「負けじ魂《だましい》」が
あるところ、
いかなる逆境《ぎゃっきょう》も、
すべて自身《じしん》の人間革命《にんげんかくめい》と、

三世《さんぜ》永遠《えいえん》にわたる
成仏《じょうぶつ》の大境涯《だいきょうがい》を開《ひら》く
糧《かて》となることを忘《わす》れまい。

（二〇二二年二月六日）

御書《ごしょ》は最高峰《さいこうほう》の「歓喜《かんき》の光源《こうげん》」

自己《じこ》を向上《こうじょう》させるために、
何《なに》を為《な》すべきか。
世界《せかい》を平和《へいわ》へと導《みちび》くには、
どうすればよいのか――。
全人類《ぜんじんるい》が
切実《せつじつ》に求《もと》め続《つづ》けてきた
問《と》いに対《たい》して、
我《われ》らには、
明確《めいかく》な指標《しひょう》があり、

2002年4月、山梨

実践《じっせん》の規範《きはん》があり、
則《のっと》るべき大法《だいほう》がある!

妙法《みょうほう》は、
宿命《しゅくめい》に立《た》ち向《む》かう
「勇気《ゆうき》の源泉《げんせん》」である。
全人類の未来《みらい》を照《て》らしゆく
「歓喜《かんき》の光源《こうげん》」である。
邪悪《じゃあく》を打《う》ち破《やぶ》っていく
「正義《せいぎ》の利剣《りけん》」である。
この真髄《しんずい》の法理《ほうり》を
説《と》き明《あ》かした御書《ごしょ》こそ、
時代《じだい》を超《こ》えた

最高峰《さいこうほう》の一書《いっしょ》である。

仏法《ぶっぽう》を学《まな》び、教学《きょうがく》の研鑽《けんさん》を
重《かさ》ねることは、
人生《じんせい》の意味《いみ》を掘《ほ》り下《さ》げ、
豊饒《ほうじょう》なる精神《せいしん》の宝庫《ほうこ》の扉《とびら》を
開《ひら》く作業《さぎょう》といってよい。
信仰《しんこう》の実践とともに、
教学を
学んでいかなければ、
仏法の本義《ほんぎ》を深《ふか》く理解《りかい》し、
信心《しんじん》を究《きわ》めていくことは
できない。

御書には、
一人《ひとり》にここまでも
心《こころ》を配《くば》られるのかという、
大誠実《だいせいじつ》の「人《ひと》の振《ふ》る舞《ま》い」が
随所《ずいしょ》に示《しめ》されている。
その究極《きゅうきょく》の人間主義《にんげんしゅぎ》を
深く学びながら、
私たちも、
一人一人を大切《たいせつ》にし、
一人一人と
仏縁《ぶつえん》を結《むす》んでいくのだ。

法華経《ほけきょう》の肝心《かんじん》・
南無妙法蓮華経《なんみょうほうれんげきょう》の
御本尊《ごほんぞん》を根本《こんぽん》として、
〝全民衆《ぜんみんしゅう》を幸福《こうふく》に！〟との
地涌《じゆ》の誓願《せいがん》を
現代《げんだい》に蘇《よみがえ》らせたのは、
まぎれもなく我ら学会《がっかい》だ。
民衆の凱歌《がいか》の未来へ！
さあ、我らの思想《しそう》を、
勇気の行動《こうどう》を、
人類が待《ま》っている。
永遠不滅《えいえんふめつ》の妙法を
学び実践する感激《かんげき》に燃《も》え、

希望《きぼう》の大哲学《だいてつがく》を、
一人また一人と伝《つた》え
弘《ひろ》めていこうではないか！

（二〇二二年九月四日）

試練《しれん》の冬越《ふゆこ》え　花《はな》よ咲《さ》け

苦難《くなん》がないことが
幸福《こうふく》なのではない。
苦難に負《ま》けず、
たとえ倒《たお》れても、
断《だん》じて立《た》ち上《あ》がり、
乗《の》り越《こ》え、
勝《か》ち越えていくところに、
人生《じんせい》の真《しん》の幸福があり、
喜《よろこ》びがある。

現実《げんじつ》の生活《せいかつ》は、
さまざまな行き詰《づ》まりとの
戦《たたか》いである。
しかし、何《なに》が起《お》ころうと、
決《けっ》して悲観《ひかん》することはない。
一歩《いっぽ》、深《ふか》くとらえれば、
全《すべ》てが信心《しんじん》の試練《しれん》であり、
さらなる幸福への、
成仏《じょうぶつ》への転機《てんき》であり、
チャンスなのである。
悩《なや》んだ人《ひと》ほど偉大《いだい》になれる。

2010年2月、東京

つらい思《おも》いをした人ほど、
多《おお》くの人を救《すく》っていける。
偉大な使命《しめい》がある。
これが仏法《ぶっぽう》だ。
菩薩道《ぼさつどう》の人生である。

今《いま》、直面《ちょくめん》している困難《こんなん》は、
信心の眼《まなこ》で見《み》れば、
自《みずか》ら願《ねが》った使命である。
そう確信《かくしん》して前進《ぜんしん》することが、
「誓願《せいがん》の祈《いの》り」の証《あか》しだ。
仕事《しごと》のこと、経済苦《けいざいく》、
人間関係《にんげんかんけい》の悩み、

病気《びょうき》の克服《こくふく》など、
目下《もっか》の課題《かだい》に
打《う》ち勝つために、
猛然《もうぜん》と祈ることだ。
自分自身《じぶんじしん》が、断固《だんこ》として
勝利《しょうり》の実証《じっしょう》を
示《しめ》していくことが、
同《おな》じような
苦《くる》しみに直面する友《とも》を
励《はげ》ます光《ひかり》となる。

今の労苦《ろうく》に何一《なにひと》つ、
無駄《むだ》はない。

厳《きび》しい冬《ふゆ》の試練が
あるからこそ、
爛漫《らんまん》と咲《さ》き誇《ほこ》る
勝利の春《はる》が
必《かなら》ず来《く》るのだ。

どんな苦しいことがあろうと、
最後《さいご》の最後まで
生《い》き抜《ぬ》き、戦い抜き、
勝たねばならない。
最後に勝てば、
その人が

「人生の勝者《しょうしゃ》」である。

（二〇二三年二月五日）

池田大作（いけだ・だいさく）

1928年～2023年。東京生まれ。創価学会第三代会長、名誉会長、創価学会インタナショナル（SGI）会長を歴任。創価大学、アメリカ創価大学、創価学園、民主音楽協会、東京富士美術館、東洋哲学研究所、戸田記念国際平和研究所などを創立。世界各国の識者と対話を重ね、平和、文化、教育運動を推進。国連平和賞のほか、モスクワ大学、グラスゴー大学、デンバー大学、北京大学など、世界の大学・学術機関から名誉博士・名誉教授、さらに桂冠詩人・世界民衆詩人の称号、世界桂冠詩人賞、世界平和詩人賞など多数受賞。

著書は『人間革命』（全12巻）、『新・人間革命』（全30巻）など小説のほか、対談集も『二十一世紀への対話』（A・J・トインビー）、『二十世紀の精神の教訓』（M・ゴルバチョフ）、『平和の哲学　寛容の智慧』（A・ワヒド）、『地球対談　輝く女性の世紀へ』（H・ヘンダーソン）など多数。

四季の励まし V

二〇二四年七月三日　発　行

著　者　池田大作
発行者　小島和哉
発行所　聖教新聞社
〒一六〇-八〇七〇　東京都新宿区信濃町七
電話　〇三-三三五三-六一一一（代表）
印刷所　光村印刷株式会社
製本所　牧製本印刷株式会社

＊

定価はカバーに表示してあります
落丁・乱丁本はお取り替えいたします

ISBN978-4-412-01709-2